Sært Mørke

Grethe Looft

Sært Mørke

BoD

Forlag: Books on Demand – København, Danmark
Fremstilling: Books on Demand – Norderstedt, Tyskland
Bogen er fremstillet efter on-Demand-proces

ISBN 978-87-4301-597-0

Hjerteligt

Glider drømmende
svømmende, svævende
møder andre på samme tur

Hvad gør vi her?
svævende, svømmende
uden kendskab til hver især

Hilser smilende
svømmende, svævende
i hjertet er alting rødt

Vandring

Jeg vandrede
nat efter nat

Søgte efter svaret
på spørgsmålet

Søgte efter
spørgsmålet

Så kom du
tog min ensomhed fra mig

Nu ser jeg
spørgsmålet og svaret
i dig

Du

Du kom

og gik

Jeg blev

forandret

Husker dig

Du skabte

sårbarhed

Du skabte

vrede

Du skabte

ensomhed

indsigt

og skønhed

Kærlighed givet

Kærlighed givet
forgæves

Min sorg
hvisker tonløst
uden genklang

Min sorg
skriger fortvivlet
ingen svarer

Som er jeg
i et lydtæt rum

Vrede

Vinden vender
fra storm
til stille
til storm

Forurettet
raser den

Afklaret
hviler den

Svigtede du
-eller jeg?

Fandt vi ly

for stormen

hos hinanden?

Vemod

Jeg gik ad de stier
som engang var vores

Nu går andre elskende
ad de spor
vi trådte

Jeg ser dem være så tæt
som vi to
var engang

Jeg slipper dig nu
tøvende, vemodigt
som du har sluppet mig

På hver sin sti
går vi, elskede,
sammen det sidste stykke

Længsel

Afvist

mine kærtegn

Vinden smyger sig

om mine kinder

våde af regn

Længes efter

forår

forelskelsen

tilfældighedernes sammentræf

Længes efter at hvile

i en krop

af hav

Håb

Over det blikstille hav
i den lyse ø-nat
kalder hun på mig
"Elskede - hvor er du?"

Over det violette hav
dissonerende mod himlen
råber hun fra øen
"Kom - kom tilbage"

Saltvand og tang
saltvand og tang og stemmer
der længes i natten

I den lyse nat

i det grønne, blikstille hav

med himlen som rød baggrund

svømmer jeg

hvisker et navn

"Elskede - hører du?"

Paradisæble

Jeg begyndte på det i juni
i virkeligheden allerede i maj
som blomst

Jeg sugede til mig og blev større

Vind, vejr og solsort
lod mig sidde på stilken

Så kom september

Sød, saftig og moden
ønskede jeg at slippe

Sad stadig fast

Nu sidder jeg her i december

ensom og rynket

Aldrig plukket

Indsigt

Fugleflokke
danner mønstre
på himlen
som tanker i
sindet

Pludselig
ude af syne
ude af sind

Kun tilbage er
et øjeblik
af indsigt

Kredsløb

Al ting
afspejlet

genbrugt
genoptaget
i et kredsløb

Min krop
er det
kredsløb

Mit sind
er de
tanker

Evigt liv

Som tørre blade
hvirvler vi gennem livet
I et nu
er vi spredt
til alle sider

Øjeblikket efter
atter samlet
i nye konstellationer
Flygtige er vore forhold
vor elskov
vore tanker
vore kroppe

Som blade

der hvirvler i vinden

indgår også vi i kredsløbet

og manifesteres

på ny

igen og igen

Dvale

Nøgne træer
venter på
snarligt frembrud

Nøgne buske
længes efter
tidlig blomstring

Nøgen jord
føder snart
sine vækster

Mit sind
ligger stadig
i dvale

Årstider

Jeg troede
jeg vidste
det vigtigste

I en verden
af evig
foranderlighed

Nu ved jeg
at alt vil
gentage sig

Som årstider
gennem et liv

Vintermorgen

Sænker sig
i mig:
Sært mørke

Skjuler det
der måtte være

Truende – sorgfuldt - forløsende

Sært mørke
i sindet

I den stille morgen

Mærker

en uro

en brise i luften

I sindet

en rørelse

Som en eftervirkning

af oplevet

sorg

Som et varsel

om kommende

lindring

Mod skumring

Bladløse grene
med fugle som pynt
Florlette skyer
henover himlen
Solen står lavt
mellem træernes stammer
Før du ved af det
er dagen forbi

Maskernes falder
når mørket får fat
Ansigtet – nøgent
er kun tilbage
Selvet er tavst
midt i myldrende tanker

Sjælen vil søge

det sted fuld af ro

Tidligt forår

Det er blevet
tidligt forår
sent i livet

Frygter frost
håber på
varm sol

Blæsten river
endnu køligt
i sindet

Frygter væltede træer
håber på
erantis og vintergæk

Den anden side

Rundt om hjørnet
er det tørvejr
solen skinner
og fuglene synger

Her på stedet
regner det
himlen er overskyet
og fuglene tier

På den anden side
smiler jeg
ler og hviler
i mig selv

Nådegave

I et nu
bryder den frem
glæden over livet

I et nu
indser jeg den dybere
sammenhæng

I et nu
sanser jeg livet
essensen i hver skabning
og ved
Du er til
som skabte det.